MW00960426

Trading de opciones para principiantes

Cómo generar ingresos predecibles y ganarse
la vida sin correr grandes riesgos, incluso
siendo un completo principiante

Greg Middleton

© Copyright 2024–Todos los derechos reservados

El contenido de este libro no puede ser reproducido, duplicado ni transmitido sin permiso directo por escrito del autor o del editor.

Bajo ninguna circunstancia se podrá culpar o responsabilizar legalmente a la editorial, o al autor, por cualquier daño, reparación o pérdida monetaria debido a la información contenida en este libro, ya sea directa o indirectamente.

Aviso legal:

Este libro está protegido por derechos de autor. Es sólo para uso personal. No puedes modificar, distribuir, vender, utilizar, citar o parafrasear ninguna parte ni el contenido de este libro sin el consentimiento del autor o del editor.

Aviso de exención de responsabilidad:

Ten en cuenta que la información contenida en este documento sólo tiene fines educativos y de entretenimiento. Se ha hecho todo lo posible por presentar una información exacta, actualizada, fiable y completa. No se declaran ni se implican garantías de ningún tipo. Los lectores reconocen que el autor no se dedica a prestar asesoramiento jurídico, financiero, médico o profesional. El contenido de este libro procede de diversas fuentes. Por favor, consulta a un profesional licenciado antes de intentar cualquier técnica descrita en este libro.

Al leer este documento, el lector acepta que, bajo ninguna circunstancia, el autor es responsable de cualquier pérdida, directa o indirecta, que se produzca como resultado del uso de la información contenida en este documento, incluyendo, pero no limitado a, errores, omisiones o inexactitudes.

Tabla de contenidos

Introducción

Bienvenido al mundo del trading de opciones

Tenía claro que otras personas podían ganarse la vida con el trading, y si para otras personas era posible hacerlo, entonces yo podría reservarme el tiempo suficiente para entenderlo.

-Rob Booker

Durante mucho tiempo, invertir y operar con opciones era algo que sólo hacían los hombres trajeados de Wall Street. El resto de nosotros nos contentábamos con ganar dinero con nuestro trabajo y darlo por terminado al final del día, pero eso ya no es así. El auge de las criptomonedas ha demostrado que no hace falta ser un genio de las finanzas para empezar a invertir. Trading de opciones para principiantes está aquí para darte todo lo que necesitas para empezar a operar tan bien como cualquier magnate de Wall Street.

La idea de operar con opciones puede resultarte intimidante, especialmente si eres nuevo en el mundo de la inversión. Desde que tengo uso de razón, el trading de opciones ha parecido una forma complicada y arriesgada de ganar dinero. Si bien operar con opciones puede ser arriesgado, no hay nada a lo que debas temer. Al aprender las mejores estrategias para el trading de opciones, podrás limitar tus riesgos y aumentar tus ganancias.

A diferencia de las criptomonedas, las opciones existen desde hace más de 40 años. Si bien muchos inversores evitan las opciones debido a los riesgos, hay una razón por la que han existido durante tanto tiempo.

Beneficios del trading de opciones

La lista de ventajas de invertir en opciones es interminable. Si aún no estás seguro de si invertir en opciones es la mejor forma de inversión para ti, aquí tienes algunas razones para intentarlo.

Menores costos iniciales

Si no dispones del capital necesario para invertir miles de dólares por adelantado, las opciones son el camino a seguir. Como inversor, podrás comprar el mismo número de acciones por una fracción del precio al operar con opciones. Por ejemplo, si la empresa X vende sus acciones a $50 y tú quieres comprar 100 acciones, te costará $5.000. En lugar de comprar las acciones directamente, puedes buscar una opción similar a las acciones que deseas comprar. Entonces podrás comprar una opción de compra con un precio de ejercicio de $100 por $34, lo que reducirá significativamente tus costos iniciales.

Si bien pagarás menos por tu opción, ganarás tanto dinero como la persona que simplemente compró acciones. Es decir, obtendrás un mayor beneficio.

Esta es una estrategia llamada sustitución o reemplazo de acciones, y siempre que elijas las opciones correctas para comprar; podrás ahorrar mucho dinero. El dinero ahorrado puede ser una red de seguridad en caso de pérdida o puede invertirse en una opción diferente, aumentando tus posibilidades de ganancias.

Riesgo reducido

El consenso general es que las opciones son más arriesgadas que la mayoría de las demás inversiones, pero eso no siempre es cierto. A diferencia de lo que ocurre con la compra de acciones regulares, no estás obligado a mantener tu opción si crees que no te beneficiará una vez finalizado el contrato. Tener la posibilidad de retirarte de una operación cuando las cosas no van según lo previsto es una forma estupenda de reducir la cantidad de dinero que pierdes. Dado que las opciones suelen costar menos que las acciones ordinarias, ya has reducido tus pérdidas potenciales.

Las opciones se utilizan a menudo como cobertura. Las coberturas son inversiones realizadas con el único propósito de reducir el riesgo de otra inversión. Más adelante en este libro, entraremos en más detalles sobre las coberturas. Por ahora, todo lo que necesitas saber es que utilizar opciones como cobertura es más seguro que operar con acciones.

Mayores rendimientos

Es matemática simple: cuanto menos pagues por adelantado, mayores serán tus ganancias. Hemos establecido que es más barato comprar opciones que comprar acciones. Por ejemplo, tú y un amigo compran el mismo número de acciones, salvo que él las compra directamente como acciones y tú compras opciones. Ambos ganaran la misma cantidad de dinero. La única diferencia es que tú habrás pagado menos por la opción, lo que significa que habrás obtenido un rendimiento mayor que tu amigo.

Más estrategias

Las opciones te ofrecen un nuevo mundo de estrategias de inversión. Hay muchas estrategias alternativas que puedes utilizar para imitar determinadas posiciones. Cuando se hace esto, se les denomina opciones sintéticas. Las opciones sintéticas proporcionan a los inversores nuevas formas de alcanzar los mismos objetivos. Esto proporciona a los inversores un tipo de flexibilidad que sólo se puede encontrar al operar con opciones.

Cuando se trata de opciones, tienes la oportunidad de ganar dinero tanto si las acciones se mueven como si no. Una ventaja que no obtendrás cuando operes con acciones. Las acciones rara vez suben a un ritmo rápido, lo que deja tu dinero parado durante largos periodos. Utilizar las estrategias de opciones correctas puede llevarte a ganar dinero incluso cuando el mercado está estancado.

Precios fijos de acciones

Una de las mejores partes de la negociación de opciones se produce cuando ya estás planeando comprar un activo. Si crees que las acciones de una empresa van a subir en un futuro próximo y quieres beneficiarte de ello, comprar opciones sobre las acciones funcionaría mejor que comprarlas directamente. Comprar una opción te dará tiempo para ver si el valor de las acciones sube realmente con un costo inicial limitado. Al mismo tiempo, te asegurarás el precio de las acciones al comprar una opción sobre ellas. Por supuesto, podrías esperar a ver si tus predicciones sobre el mercado son correctas y comprar las acciones sin las opciones, pero pagarías mucho más. Operar con opciones es una forma estupenda de tantear el terreno manteniendo los costos lo más bajos posible.

Cobertura

Las opciones se utilizan a menudo como cobertura de las inversiones actuales de un operador. Más adelante en este libro, analizaremos en profundidad qué es la cobertura, pero por ahora, puedes considerar la cobertura como una póliza de seguro. Si se hace correctamente, la cobertura reducirá tus riesgos de forma significativa. Para cubrirse, un inversor comprará acciones de una empresa que cree que aumentarán y le darán un alto número de beneficios, pero también hará una inversión con la posición contraria. Cuando se hace esto, significa que, independientemente de cómo se mueva el mercado, se pueden seguir obteniendo beneficios. Una de las mejores formas de cubrir con éxito una inversión es utilizar opciones.

Ganar dinero con acciones estancadas

¿Tienes acciones que no se mueven lo suficiente como para obtener beneficios? En lugar de vender tus acciones y obtener poco o ningún beneficio, puedes vender una opción. Puedes redactar un contrato que otorgue al comprador el derecho a comprar tus acciones estancadas en una fecha de vencimiento específica. La persona que compre tu opción tendrá que pagar una prima por adelantado que te proporcionará un beneficio instantáneo. Incluso si el comprador decide no ejercer su derecho a comprar tus acciones, tú te quedas con la prima y, de este modo, ganas dinero con unas acciones que estarían acumulando polvo si no hubieras suscrito la opción. Si el comprador del contrato decide comprar tus acciones, ganarás dinero con esa venta, así como con la prima.

Balance final

Ya conoces las ventajas y estás deseando empezar a operar, pero ¿y ahora qué? Trading de opciones para principiantes será tu nueva biblia del trading. Este libro te dará todo lo que necesitas saber, pero será lo suficientemente breve como para no sobrecargar tu cerebro de información. Operar con opciones puede ser desalentador y confuso, pero este libro está aquí para que empezar sea tan sencillo como lavarte los dientes.

Trading de opciones para principiantes incluye:

- qué son exactamente las opciones

- cómo empezar

- una comparación entre la compra y la venta de opciones

- diversas estrategias de opciones

- los riesgos de operar con opciones

Cuando hayas terminado este libro, estarás equipado con todo lo que necesitas saber para empezar a operar como un profesional. Este libro también te mostrará que no hay nada que temer. El trading de opciones puede ser fácil y divertido si realmente entiendes lo que estás haciendo, y una vez que hayas leído este libro, sabrás exactamente lo que necesitas hacer para que puedas empezar a ganar dinero.

Capítulo 1

¿Qué son las opciones?

Hoy en día, las personas que poseen equivalentes de efectivo se sienten cómodas. No deberían. Han optado por un terrible activo a largo plazo, que no paga prácticamente nada y cuyo valor seguramente se depreciará.

-Warren Buffett

Antes de empezar a operar, debes comprender qué son las opciones. En este capítulo, nos sumergiremos en todas las características que componen una opción. También veremos todos los términos clave que puedes encontrar al operar.

Este capítulo será tu base. Lo dividiré todo para asegurarme de que comprendas completamente el mundo del trading de opciones antes de lanzarte de cabeza en él.

¿Qué son las opciones?

Las opciones son contratos que otorgan al propietario el derecho a comprar o vender determinado activo a un precio determinado, pero sin la obligación de cumplir con el contrato. Este precio se indicará claramente en el contrato. Las opciones tienen una fecha de vencimiento que también se indica en el contrato. La fecha de vencimiento indica durante cuánto tiempo estarán disponibles los activos al precio acordado. Por lo general, los contratos de opciones se suscriben por 100 acciones. Puedes calcular cuánto te costará comprar una opción multiplicando el número de acciones por la prima.

Las opciones te ofrecen una gran flexibilidad. Puedes comprar opciones sobre muchos valores y primas diferentes. Incluso puedes elegir si deseas comprar tus opciones a través de una cuenta de inversión o a través de un corredor regular. Si a esta flexibilidad le sumamos unos costos de adquisición más bajos, las opciones constituyen una excelente forma de diversificar tu cartera. Como las opciones cuestan menos, te dan la oportunidad de hacer otras inversiones. Cuantas más inversiones tengas, menor será el riesgo de perder dinero y mayores las posibilidades de obtener beneficios.

Las opciones son derivados, lo que significa que su valor depende del precio de otra cosa. En el caso de las opciones, su valor depende del valor financiero del activo que estás comprando y del potencial de crecimiento del activo en el futuro.

Es importante valorar las opciones antes de comprarlas. Debes calcular las posibilidades de que tus activos alcancen un precio determinado antes de que venza el contrato de opciones. La probabilidad de obtener beneficios también influirá en cuánto pagarás por una opción. Si se prevé que el precio de tu activo aumente en un futuro próximo, pagarás más por la opción. Esta es la principal forma de calcular el costo de una opción.

Sin embargo, no es la única variable que se tiene en cuenta a la hora de valorar una opción. El valor de una opción también depende en gran medida del tiempo. Por ejemplo, si un contrato de opciones vence dentro de una semana, no es probable que el precio del activo cambie drásticamente en un periodo de tiempo tan corto. Esto hace que el valor de la opción disminuya cuanto más se acerque la fecha de vencimiento. Si el precio de un activo se mantiene igual, también disminuirá el valor de la opción cada día para que no haya cambios. Dado que un periodo de contrato más largo da al activo más tiempo para aumentar o disminuir, pagarás más por una opción cuanto más tiempo tengas antes de que venza el contrato.

La volatilidad del mercado también afectará al precio de una opción. La inestabilidad del mercado ofrece muchas oportunidades de ganar dinero. Las subidas y bajadas extremas de un mercado volátil aumentan tus probabilidades de obtener grandes beneficios de tus inversiones, siempre que sepas dónde invertir tu dinero. Un mercado volátil es el entorno ideal para un operador de opciones, pero debes tener en cuenta que aumentará el precio de compra de una opción.

Terminología importante

Antes de que puedas sumergirte por completo en el mundo del trading de opciones, hay algunos términos importantes que debes comprender. Son frases con las que te encontrarás todo el tiempo mientras operas. Si no sabes lo que significan, tendrás la sensación de estar navegando a ciegas. No entender los términos clave que aparecerán en tu contrato es una forma segura de perder dinero.

Activo subyacente

El activo que compras a través de la opción se denomina valor subyacente o activo subyacente. Se trata de un término que aparecerá con frecuencia en el propio contrato de opciones, por lo que es importante que te familiarices con él.

Precio de ejercicio

El precio de ejercicio es el término más importante que debes conocer al negociar opciones. Es el precio que fija la persona que vende la opción. El precio de ejercicio es la cantidad que el inversor se compromete a pagar al comprar o vender el activo cuando finalice el contrato. Este precio no cambiará aunque el precio del activo aumente o disminuya. El precio de ejercicio viene determinado por la probabilidad de que el comprador obtenga beneficios. Cuanto mayores sean las probabilidades de obtener beneficios, mayor será el precio de ejercicio.

Prima

La prima es el precio del activo estipulado en el contrato. La prima viene determinada por el valor temporal y el valor intrínseco de la opción. El valor intrínseco es el costo del precio de ejercicio frente al valor previsto del activo. El valor temporal se basa en el tiempo que falta para que venza el contrato.

El vendedor de una opción determinará la prima en función de estas dos variables. Por ejemplo, he mencionado que cuanto más tiempo tengas antes de que venza la opción, más pagarás por ella.

Fecha de vencimiento

La fecha de vencimiento es bastante sencilla. Es la fecha en la que finaliza el contrato de opciones. Tendrás que decidir si quieres comprar o vender tu opción antes o en esta fecha. Sin embargo, no estás obligado a actuar sobre la opción antes de esa fecha. Si, por alguna razón, ya no deseas comprar o vender la opción, puedes simplemente dejar que el contrato venza sin realizar ninguna acción.

Last (último precio)

Muestra el historial reciente de negociación de una opción. Al mirar el "Last", podrás ver cosas como el último precio al que se negoció una opción. Si tienes en cuenta estos datos, te ayudarán a determinar qué tan bien podría desempeñarse una opción en el futuro. Esta es una excelente manera de determinar si deberías comprar una opción o no.

Volumen

El volumen te muestra el número de operaciones realizadas en una opción específica cada día. El volumen indica lo popular que es una opción. Esta es otra gran herramienta que puedes utilizar para predecir el rendimiento de una opción. Mirar el volumen de una opción es una gran manera de ayudarte a decidir si vale la pena comprarla.

Precio de venta (Ask)

El precio de venta es el precio que un vendedor pide por una opción. Hay varios factores que se utilizan para determinar el precio de venta, todos los cuales he mencionado anteriormente.

Titular y Emisor (Holder y Writer)

Cuando compras un contrato de opciones, se te considera el holder, tenedor o titular. La persona a la que compras el contrato se considera el writer, emisor o escritor. Estos términos figurarán principalmente en el contrato de opciones.

Alcista y bajista

Alcista y bajista, o Bullish y Bearish en inglés, son términos que se encuentran a menudo en el mundo del trading y se refieren al estilo de un inversor.

Un inversor alcista (bullish), cree que el valor de un activo subyacente o del mercado en su conjunto aumentará. Un inversor bajista (Bearish), cree que el valor del activo subyacente o del mercado disminuirá.

Alcista y bajista también pueden utilizarse para referirse al mercado en su conjunto. Si el mercado es alcista, significa que está experimentando una subida. Si el mercado es bajista, significa que está experimentando un declive.

Los griegos

Cuando se trata de negociar opciones, hay varias formas de medir los riesgos potenciales que conlleva la compra de una opción. Todas estas medidas reciben el nombre de símbolos griegos. Conocer a los griegos es vital si deseas realizar operaciones informadas y exitosas.

Delta

Delta es una forma de medir la probabilidad de que el precio de un valor subyacente se vea afectado por los cambios en el mercado. Puedes utilizar delta para averiguar en qué medida afectará el mercado al precio de una opción.

Gamma

El gamma de una opción está directamente relacionado con su delta. Gamma mide cuánto se moverá el delta de una opción en función de todos los movimientos del mercado de valores subyacentes.

Theta

He hablado de cómo el valor de una opción disminuye con el tiempo. Theta se utiliza para medir ese valor decreciente. Cuanto mayor sea theta, más cerca estará el contrato de la fecha de vencimiento. Una opción valdrá mucho menos cuando se acerque su fecha de vencimiento.

Vega

Vega mide el impacto que tendrá un mercado volátil en una opción. Más concretamente, cuánto se moverá el valor de la opción cuando cambie el mercado.

Rho

Rho mide en qué medida los cambios en los tipos de interés de un valor subyacente afectarán a la opción. Si el valor de una opción aumenta junto con los tipos de interés, el rho será positivo. Si los cambios en los tipos de interés disminuyen el valor de la opción, el rho será negativo.

Tipos de opciones

Existen dos tipos principales de opciones: las opciones de compra y las opciones de venta. En esta sección profundizaremos en qué son y cómo funcionan.

Opción de compra (Call)

Una opción de compra otorga al propietario el derecho a comprar un valor subyacente a un precio de ejercicio acordado dentro de un periodo específico. Como inversor, normalmente comprarás una opción de compra si crees que el valor de un activo aumentará, o la venderás si crees que el valor del activo disminuirá.

El comprador de la opción de compra pagará toda la prima por adelantado al firmar el contrato. Las opciones de compra son populares porque tienen un potencial ilimitado para obtener beneficios, pero sus riesgos se limitan a la cantidad que se pagó por la opción.

Si el precio del valor subyacente sube por encima del precio de ejercicio, el titular de la opción de compra obtendrá beneficios. Si el precio del valor subyacente cae por debajo del precio de ejercicio, lo único que perderá el titular será el pago inicial que realizó al inicio de su contrato.

Si decides vender una opción de compra, las pérdidas potenciales son ilimitadas. Si el precio del valor subyacente aumenta por encima del precio de ejercicio, perderás dinero. La cantidad de dinero que pierdas dependerá de la diferencia entre el precio de ejercicio y el valor de mercado actual del valor subyacente. Sin embargo, si el precio del valor subyacente cae por debajo del precio de ejercicio, el titular de la opción suele optar por dejar que venza el contrato. Cuando esto ocurra, tú te beneficiarás de la prima que el comprador pagó al inicio del contrato.

Características

En un contrato de compra intervienen dos personas: el tenedor y el emisor. El emisor es la persona que vende la opción de compra y el tenedor es el comprador. Cuando leas el contrato de opciones, encontrarás tres de los términos que he mencionado anteriormente: El precio de ejercicio, el valor subyacente y la fecha de vencimiento.

El valor subyacente puede variar en función del activo que estés comprando. Puede tratarse de acciones de una empresa, valores de renta variable y muchos otros activos. Tu contrato de opciones te dará derecho a comprar este activo a un precio determinado, el precio de ejercicio. La fecha de vencimiento es cuando finaliza el contrato. Tendrás que comprar el valor subyacente o dejar que venza el contrato.

Existen dos tipos diferentes de opciones de compra. Las opciones de compra de estilo americano y las opciones de compra de estilo europeo. Si negocias con una opción de compra de tipo americano, puedes optar por comprar el valor subyacente en cualquier momento antes de la fecha de vencimiento. Mientras que con una opción de compra de estilo europeo, el titular sólo puede comprar el valor subyacente en la fecha de vencimiento y no en cualquier momento anterior.

Independientemente del estilo que elijas para negociar, puedes vender todo el contrato de opciones a otro inversor en cualquier momento del contrato.

Precio

Como inversor, puedes calcular el precio de una opción de compra comparando el precio de ejercicio con el valor actual de mercado del activo subyacente. El emisor de la opción de compra puede profundizar más a la hora de decidir el precio de la prima. Para determinar el precio, el emisor tendrá en cuenta dos componentes principales. El valor intrínseco y el valor extrínseco.

Cuando el precio de ejercicio es inferior al valor actual del valor subyacente, se aplicará un valor intrínseco. Dado que el precio de ejercicio es inferior al valor de mercado del activo, ya has obtenido un beneficio que se añadirá a tu contrato. Cuando compras una opción que ya "on-the-money", se te cobrará tanto un valor intrínseco como un valor extrínseco.

El valor extrínseco constituye la mayor parte de la prima. Es la cantidad que el tenedor pagará al emisor por poseer el contrato. El objetivo principal del valor extrínseco es proteger al emisor de cualquier pérdida potencial que pueda sufrir al vender la opción de compra. Cuando compras una opción de compra on-the-money o out-of-the-money, sólo pagas el valor extrínseco.

Opción de venta (Put)

Las opciones de venta otorgan al comprador el derecho a vender un valor subyacente al precio de ejercicio acordado en el contrato. El tenedor de la opción de venta no tiene obligación de vender el activo al final del contrato, pero el emisor de la opción está obligado a comprar el activo si el tenedor decide ejercer su derecho a vender.

Lo mejor es comprar una opción de venta cuando creas que el valor del activo va a disminuir. Alternativamente, venderás una opción de venta cuando creas que el precio de un valor subyacente aumentará.

Como comprador de una opción de venta, el beneficio que obtengas dependerá de la caída del valor del título subyacente por debajo del precio de ejercicio. Si el precio del valor subyacente es superior al precio de ejercicio, el tenedor de la opción perderá su prima.

Si decides vender una opción de venta y el valor subyacente es inferior al precio de ejercicio, perderás la misma cantidad de dinero que gana el comprador. Sin embargo, si el comprador decide no ejercer su derecho por el motivo que sea, tú reclamará tu prima como beneficio.

Características

Al comprar una opción de venta, el emisor venderá al tenedor el valor subyacente a un precio de ejercicio específico. Cuando el emisor vende una opción de venta, también se compromete a recomprar el valor subyacente al precio de ejercicio si el tenedor decide ejercer su derecho a vender.

Aunque hay muchos activos diferentes con los que se puede negociar utilizando una opción de venta, el valor subyacente más popular son las acciones. Dado que la mayoría de las veces son acciones las que se negocian, es raro que el valor subyacente se intercambie realmente. En su lugar, los operadores optan por intercambiar dinero en función del valor del activo subyacente. Si vendes una opción de venta sin poseer realmente el activo subyacente, se denomina opción de venta desnuda.

Al igual que las opciones de compra, las opciones de venta pueden negociarse al estilo americano o al estilo europeo. El estilo americano es mucho más flexible que el europeo. Al igual que con las opciones de compra, el titular puede vender su contrato de opciones en cualquier momento antes de la fecha de vencimiento.

Precio

De forma similar a las opciones de compra, el precio de la opción de venta viene determinado por el valor intrínseco y el valor extrínseco. Si el valor de mercado del valor subyacente es superior al precio de ejercicio en el momento en que el titular adquiere el contrato, éste ya estará in-the-money.

Este beneficio automático se añadirá al contrato como valor intrínseco. Al igual que las opciones de compra, el valor extrínseco existe únicamente para proteger al emisor de cualquier pérdida potencial que pueda experimentar debido a que tú obtienes un beneficio.

Capítulo 2:

Primeros pasos

El objetivo de un trader de éxito es realizar las mejores operaciones. El dinero es secundario.

-Alexander Elder

Ahora que ya sabes lo que son las opciones, vamos a sumergirnos en la negociación de opciones. Sin embargo, antes de empezar a operar, debes tomar algunas decisiones importantes. Debes decidir cuál es tu objetivo final, si deseas comprar o vender opciones y con qué valores subyacentes te gustaría operar.

En este capítulo, trataremos todo lo que necesitas saber para empezar a operar con opciones. Desde la búsqueda de un corredor, o bróker, hasta la compra de tu primera opción, este capítulo lo cubre todo.

¿Por qué opciones?

Lo primero que debes decidir es por qué quieres operar con opciones. Conocer tu objetivo final antes de empezar te ayudará a mantener el rumbo, sobre todo cuando el mercado no oscile según tus planes.

Hay tres razones principales por las que los inversores deciden operar con opciones. Esas tres razones son la especulación, los ingresos y la protección. Saber en cuál de ellas te encuentras también te ayudará a determinar qué estrategias de inversión son las mejores para ti.

Especulación

La especulación suele motivar la compra de opciones cuando un inversor está seguro de que el mercado se moverá de una determinada manera. En lugar de pagar el precio íntegro del valor subyacente, comprarás una opción a un precio inferior al de la compra del propio activo.

Si tu suposición es correcta y el mercado se mueve de la manera que predijiste, ejercerás tu derecho a la opción. Si compraras una opción de compra, ganarías tu dinero revendiendo el activo subyacente al precio completo o conservando el valor subyacente hasta que el precio siga subiendo.

Si te equivocas y el mercado permanece igual o se mueve en dirección contraria a la que predijiste, sólo perderás la prima que pagaste por la opción.

Ingresos

Muchas personas utilizan sus inversiones como una forma de ingresos blandos, y las opciones no son una excepción. Puede que la única razón por la que quieras empezar a invertir en opciones sea para tener un poco de dinero extra para gastar, y eso está perfectamente bien.

Si ya posees acciones o cualquier otro valor subyacente, puedes incluso ganar dinero suscribiendo opciones en lugar de comprarlas. Más adelante veremos cómo hacerlo.

Protección o Cobertura

La protección o cobertura se ha convertido en una razón cada vez más popular para operar con opciones. Muchas personas contratarán una opción que adopte la posición contraria a una de sus inversiones actuales.

Cuando se trata de operar con opciones, no siempre se van a obtener beneficios. Es probable que en algún momento pierdas dinero. Aquí es donde entra en juego la cobertura.

La cobertura consiste en tomar una posición opuesta a la inversión original. Esto se utiliza como una forma de limitar tus pérdidas si el mercado no funciona a tu favor.

Aunque tendrás un mayor coste inicial si decides cubrir tus opciones, merece la pena la tranquilidad de saber que no perderás todo tu dinero.

Un ejemplo de cobertura sería comprar una opción de compra para el valor subyacente específico y comprar una opción de venta para el mismo valor subyacente. Tus pérdidas se limitarán a lo que pagues por las primas de cada opción. Si el valor del activo subyacente disminuye, puedes vender tu opción de venta para obtener un beneficio. Si el valor del activo subyacente aumenta, puedes comprar tu opción de compra. De este modo, tienes garantizado un pago tanto si aumenta como si disminuye el valor de esas acciones. Estás limitando tus pérdidas totales.

Abrir una cuenta de corretaje

Para empezar a operar con opciones, deberás abrir una cuenta de corretaje. Esto es importante porque tendrás que registrar todas tus transacciones en esta cuenta. Dependiendo de tus preferencias, puedes abrir una cuenta en línea o abrir una cuenta de corretaje tradicional acudiendo a un corredor en persona. Hay muchos corredores (brokers) entre los que elegir, por lo que es importante que investigues para encontrar el que mejor se adapte a tus necesidades.

Investiga

Lo más probable es que vayas a depositar grandes cantidades de dinero en tu cuenta de operaciones, por lo que querrás asegurarte de que te sientes cómodo al 100% con el corredor que elijas.

Tómate tu tiempo para buscar el corredor perfecto. Asegúrate de que estás mirando todo lo que cada empresa tiene que ofrecer. Compara cuánta comisión quiere cobrar cada empresa. Algunas agencias no cobran comisión, pero pueden pedir un coste inicial. Algunas de estas empresas se llevarán un porcentaje mayor de tus rendimientos, pero te ofrecerán mejores beneficios que las que se llevan un porcentaje menor.

La mejor manera de saber si deberías considerar una empresa concreta es leer los comentarios sobre ella. ¿Están contentos sus clientes? ¿Han obtenido lo que querían de la empresa, o no tienen más que pérdidas y una comunicación deficiente? Muchas empresas prometen de todo para convencerte de que firmes con ellas, pero luego no cumplen sus promesas. Las críticas no mienten.

Sabes mejor que nadie lo que te conviene y lo que quieres conseguir con el trading de opciones. Por eso la investigación es tan importante. Puedo sentarme aquí y darte una larga lista de corredores que me encantan, pero podrías terminar odiando cada una de mis recomendaciones.

Encuentra educación gratuita

Apuesto a que no sabías que muchos brokers ofrecen ayuda adicional en forma de formación. Si eres nuevo en el mundo del trading, encontrar un bróker que ofrezca formación gratuita mejorará drásticamente tus posibilidades de obtener beneficios.

Algunos ejemplos del tipo de formación que ofrecen los brokers son

- orientación personalizada de un agente experimentado, ya sea en persona, por teléfono o en línea.

- seminarios web

- cursos de trading en línea

- reuniones con corredores más grandes

Este tipo de interacciones te ayudarán a construir una base sólida, al tiempo que te proporcionarán información específica sobre el mercado. Otra forma estupenda de mejorar tus habilidades de trading es si la agencia de valores que has elegido te ofrece la opción de crear una cuenta de paper-trading. El paper-trading es básicamente una versión simulada de la negociación de opciones reales. Esto te proporcionará toda la práctica que necesitas sin el riesgo de perder dinero.

Atención al cliente

Tanto si estás empezando como si llevas años operando, los niveles de atención al cliente de tu corredor serán importantes. Es importante saber que si algo va mal, podrás obtener ayuda sin horas y horas de espera. ¿Alguna vez has llamado a tu proveedor de servicios de Internet porque se te había caído el Wi-Fi y, después de estar horas al teléfono, no te han resuelto nada? Seguro que terminaste esa llamada lleno de frustración. ¿Te imaginas lo frustrante que será cuando tengas miles de dólares en juego y no consigas ayuda?

Al mismo tiempo, debes tener en cuenta cómo prefieres comunicarte. Si eres una persona que desprecia hablar con la gente por teléfono, lo último que querrías es un corredor con el que sólo se puede contactar llamándolo, o si eres una persona que no confía en hablar con la gente a través del chat, sólo va a estresarte cuando no puedas encontrar el número de teléfono de tu corredor.

Antes de elegir un corredor de bolsa con el que abrir una cuenta, debes informarte sobre cómo y cuándo puedes ponerte en contacto con ellos. ¿Su servicio de asistencia sólo funciona los días laborables? ¿Tienen siquiera un servicio de asistencia? Otro consejo útil es ponerte en contacto con ellos y hacerles preguntas antes de abrir una cuenta. Toma nota del tiempo que tardan en contestarte y de la forma en que responden a tus preguntas. Esto debería ayudarte a calibrar cómo será el trato con ellos cuando realmente necesites su ayuda.

Comprueba la plataforma de trading

La mayoría de los corredores utilizan sus propias plataformas de negociación. Esto puede ser algo muy bueno, pero también podría significar tu perdición. Si eres nuevo en el mundo del trading, utilizar una plataforma difícil de navegar sólo te causará problemas en el futuro, o peor aún, podría costarte cientos de dólares.

Además, todos tenemos preferencias diferentes. Al igual que con el servicio de atención al cliente, lo que funciona para mí puede no funcionar para ti. Vas a utilizar esta plataforma a diario, por lo que es importante que elijas la que mejor se adapte a ti.

Las plataformas de negociación pueden estar basadas en la web o en software; pueden tener o no una versión móvil de la plataforma, y un corredor de bolsa puede incluso tener plataformas separadas dependiendo del tipo de negociación que planees hacer. Este tipo de cosas no son ni buenas ni malas, pero depende de lo que prefieras, así que asegúrate de familiarizarte con la plataforma del corredor antes de firmar con ellos. Muchos corredores tendrán capturas de pantalla o un vídeo de su plataforma en su sitio web, lo que te dará una idea de lo que vas a utilizar y te ayudará a tomar una decisión final.

Algunas de las preguntas que puedes plantearte a la hora de elegir una buena plataforma de negociación son las siguientes

- ¿Es fácil de usar la plataforma?

- ¿Es fácil operar en la plataforma?

- ¿Qué características añadidas interesantes tiene la plataforma para ayudar a que el trading sea más fácil?

- ¿Qué tan rápido procesa las órdenes la plataforma?

- ¿Te cobra el bróker alguna comisión por usar la plataforma?

Una vez que hayas elegido un corredor, es hora de abrir oficialmente tu cuenta.

Empieza a practicar

He mencionado brevemente el paper-trading a la hora de elegir un corredor, pero esta práctica ye resultará beneficiosa incluso después de abrir una cuenta de corretaje. Una vez que hayas abierto tu cuenta de corretaje y estés oficialmente preparado para empezar a entrenar, es fácil dejar que la emoción controle tus acciones. Después del largo proceso de abrir una cuenta de operaciones, es normal querer lanzarte de cabeza.

Lo mejor que puedes hacer por ti y por tu cuenta bancaria es practicar el trading en una cuenta demo antes de invertir tu dinero. Esto te permitirá poner en práctica todas las estrategias que te enseñaré en este libro. Serás capaz de utilizar el método de ensayo y error para averiguar lo que funciona mejor para ti sin arriesgar nada de tu propio dinero. El paper-trading también te permitirá familiarizarte con los entresijos de las operaciones con opciones.

Intenta practicar el paper-trading durante unas semanas antes de invertir tu dinero. De este modo, podrás controlar si realmente obtendrás beneficios o no. Si, al cabo de unas semanas, te das cuenta de que no has obtenido beneficios en la cuenta demo, es tu oportunidad de cambiar de estrategia. Puedes hacerlo hasta que te sienta totalmente cómodo y seguro de que sabes lo que haces.

Todos empezamos como novatos en todo lo que hacemos, pero ésta es una buena forma de asegurarte de que no pierdes dinero innecesario mientras te sientes cómodo.

Elige un plan de acción

Una vez que sientas que has practicado lo suficiente, es hora de desarrollar un plan de acción. Hay muchas estrategias diferentes que puedes utilizar cuando operes con opciones, todas las cuales analizaremos en el capítulo tres.

Es importante averiguar qué estrategia funciona mejor para ti y ceñirte a ella. Esto hará que operar con opciones sea menos complicado.

Ahora, pasa a la acción

Una vez que hayas completado los pasos anteriores, por fin estarás listo para negociar tu primera opción de verdad. Lo único que te queda por hacer es encontrar la opción adecuada para operar y asegurarte de no invertir más dinero del que puedas permitirte.

CAPÍTULO 3

Técnicas para ganar dinero con trading de opciones

El éxito en la inversión no está relacionado con el coeficiente intelectual. Una vez que se tiene una inteligencia normal, lo que se necesita es el temperamento para controlar los impulsos que meten a otras personas en problemas a la hora de invertir.

-Warren Buffet

Una de las principales razones por las que las opciones son tan populares es la flexibilidad que tienen los inversores en cuanto a estrategias. Existe una multitud de estrategias probadas y comprobadas que puedes utilizar cuando operes con opciones. Todas estas estrategias se basan en opciones de compra o de venta y van desde las más sencillas a las más complicadas. En este capítulo, profundizaré en las cinco estrategias más populares y un poco en las menos conocidas.

Compra larga o Long call

También conocida como "ir en largo", un operador suele comprar una opción utilizando esta estrategia con la esperanza de que el precio del valor subyacente aumente mucho más que el precio de ejercicio.

La ventaja de una opción de compra larga es que el comprador tiene un potencial ilimitado de beneficios. Mientras el precio del valor subyacente siga subiendo, los beneficios del comprador aumentarán hasta el final del contrato. El potencial ilimitado de ganancias es la razón principal por la que esta estrategia resulta tan atractiva para los inversores.

Con los aspectos positivos vienen los negativos; esto también se aplica a las compras largas. Si el precio del activo subyacente se mantiene o disminuye, tu opción expirará. Si dejas que la opción venza, perderás lo que hayas pagado por la prima.

Las opciones de compra largas son mejores cuando crees que un activo tendrá un aumento drástico antes de que venza el contrato. Aunque obtendrá un beneficio si el precio del activo sólo sube un poco, probablemente no cubrirá tus primas. El resultado es que perderás dinero.

Compra cubierta o Covered call

Una opción de compra cubierta es cuando un operador decide vender una opción de compra, pero con una especie de red de seguridad. Cuando se utiliza la estrategia de compra cubierta, el operador vende una opción de compra, pero también compra el valor subyacente al mismo tiempo. Por ejemplo, si la opción de compra se emite por 100 acciones del activo, el operador comprará 100 acciones del valor subyacente por cada opción que venda.

Al poseer el valor subyacente, el operador limitará sus pérdidas potenciales creando una forma más segura de obtener beneficios. Un operador utilizará una opción de compra cubierta cuando espere que el precio del valor subyacente caiga por debajo del precio de ejercicio.

Cuando utilizas una opción de compra cubierta como estrategia de negociación, tus beneficios potenciales se limitan a la cantidad que cobraste por la prima de la opción. Es imposible ganar más que eso. Sin embargo, podrías perder todas las acciones en las que invertiste si el titular decide ejercer el derecho de compra.

El mejor momento para utilizar una opción de compra cubierta es cuando ya posees el activo subyacente y no esperas que su precio aumente en breve. De este modo, puedes ganar dinero extra con activos que, de otro modo, estarían simplemente ahí. Esta estrategia suele ser utilizada por personas que llevan mucho tiempo invirtiendo como forma de obtener ingresos extra sin demasiado riesgo.

Venta larga o Long put

En una opción de venta larga, el inversor compra una opción de venta con la esperanza de que el precio del activo subyacente caiga por debajo del precio de ejercicio antes de que venza el contrato. Al igual que con una opción de venta larga, puedes obtener grandes beneficios de tu inversión. Para que puedas obtener beneficios con una estrategia de venta larga, el precio del activo subyacente deberá bajar significativamente. Las opciones de venta larga son una forma sencilla y común de apostar por una acción a la baja.

Dado que es imposible que el precio de un valor subyacente caiga por debajo de cero, tus beneficios son limitados con una opción de venta larga. En el lado positivo, tus pérdidas se limitarán a la cantidad que pagaste por la prima. Sin embargo, si el precio del valor subyacente aumenta por encima del precio de ejercicio, te verás obligado a perder la prima.

El mejor momento para utilizar una opción de venta larga como estrategia de negociación es cuando esperas que el precio del valor subyacente caiga significativamente. Al igual que con una opción de compra larga, si sólo se produce un ligero cambio en el precio del valor subyacente, es posible que ganes algo de dinero, pero no lo suficiente como para cubrir la prima. Esto significa que, aunque tu inversión esté generando beneficios, sigues perdiendo dinero.

Venta corta o Short put

En una opción de venta corta, el operador venderá una opción de venta con la esperanza de que el precio del activo subyacente aumente por encima del precio de ejercicio. Al vender una opción de venta, el operador recibirá una prima en efectivo, que es el mayor beneficio que puede obtener de una opción de venta corta. Si el precio del activo subyacente cae por debajo del precio de ejercicio, el operador tendrá que comprar el activo subyacente al precio de ejercicio. El inconveniente de una opción de venta corta es que los beneficios se limitan a la prima que el comprador paga por adelantado.

Las pérdidas de una opción de venta corta se calculan por el valor subyacente menos la prima que pagó el comprador. Por ejemplo, si el contrato de opciones se suscribe por 100 acciones de un activo subyacente con un precio de ejercicio de $20 cada una y el valor del activo subyacente cae a cero, el emisor tendrá que recomprar el activo subyacente al precio de ejercicio. Si esto ocurre, la pérdida sería el coste total de las acciones, en este caso, $2.000 menos la prima. Así, si la prima fuera de $200, la pérdida total sería de $1800.

Una opción de venta corta se utiliza mejor cuando se tiene la certeza de que el valor del título subyacente aumentará o se mantendrá igual. Siempre que el valor del activo no disminuya en el momento en que finalice el contrato, éste vencerá y tú podrás quedarte con la prima.

Venta casada o Married put

En una opción de venta casada, el inversor compra un valor subyacente, como acciones, y al mismo tiempo compra una opción de venta del mismo valor subyacente. Un inversor utilizará esta estrategia cuando crea que el precio del valor subyacente aumentará, pero le gustaría disponer de una red de seguridad por si el valor del activo disminuye.

Siempre que el valor del título subyacente siga aumentando, el rendimiento potencial de una opción de venta casada es ilimitado. La opción de venta casada se considera una posición de cobertura, lo que significa que aunque tengas que cubrir el coste de la prima de la opción de venta, tus pérdidas son limitadas.

Lo mejor de una opción de venta casada es que si el valor del título subyacente disminuye, aumentará el valor de la opción de venta que compraste. Esto evita que el inversor pierda algo más que la prima que pagaste por el contrato de opciones. A diferencia de lo que ocurriría si sólo compraras el activo, en cuyo caso perderías bastante más dinero si el valor del título subyacente disminuyera.

El mejor momento para utilizar la estrategia de la opción de venta casada es cuando crees que el valor del activo aumentará, pero también tienes la sensación de que podría sufrir una drástica disminución de su valor. La opción de venta casada te protege si el valor disminuye, pero te permite disfrutar plenamente de tus activos si el valor aumenta.

Spread de compra alcista o bull call spread

Un spread de compra alcista se produce cuando un operador compra opciones de compra de un activo subyacente específico a un precio determinado y, al mismo tiempo, vende el mismo número de opciones de compra del mismo activo subyacente a un precio superior. Ambas opciones tendrán la misma fecha de vencimiento. Esta estrategia se utiliza principalmente cuando un inversor cree que el valor del activo subyacente aumentará cuando venza el contrato. Al utilizar un spread de compra alcista, estás reduciendo la cantidad que tendrás que pagar por la prima de la opción de compra que compres utilizando la prima que recibiste por la venta de una opción de compra.

Un spread alcista es una buena forma de minimizar la cantidad que tienes que pagar por adelantado por la prima, pero también limita el beneficio que puedes obtener. Otro inconveniente es que, a menos que el mercado experimente una rápida inclinación, corres un mayor riesgo de perder tu dinero.

Spread de venta bajista o Bear put spread

Un spread de venta bajista es cuando un operador compra una opción de venta a un precio de ejercicio determinado y vende una opción de venta a un precio de ejercicio superior. Ambas opciones de venta tendrán el mismo valor subyacente y la misma fecha de vencimiento. Una opción de venta bajista se suele utilizar cuando el inversor cree que el precio del valor subyacente va a bajar.

Tanto las pérdidas como las ganancias son limitadas con una opción de venta bajista. El valor del título subyacente tiene que disminuir para que el inversor obtenga beneficios. Aunque tus beneficios son limitados con esta estrategia, reduce la cantidad de dinero que utilizas en tus primas, reduciendo el riesgo de pérdidas importantes.

El spread de venta bajista es ideal para cuando el coste de la prima de una opción es demasiado caro. Esta estrategia minimiza los costos iniciales de la compra de una opción de venta.

Collar protector

Una estrategia de collar protector se lleva a cabo cuando un operador compra una opción de venta out-of-the-money y, a continuación, emite una opción de compra out-of-the-money con la misma fecha de vencimiento. Esto suele hacerse cuando un activo que se ha tenido durante un tiempo experimenta grandes subidas de valor de forma constante. El collar protector protege al inversor de sufrir pérdidas importantes. Esto se debe a que la opción de venta mantendrá el precio de ejercicio más alto aunque el activo pierda valor. El único inconveniente de esta estrategia es que el inversor podría verse obligado a vender el activo subyacente, lo que limitaría los posibles beneficios futuros.

Straddle largo o Long straddle

Cuando se utiliza la estrategia straddle largo, el inversor comprará opciones de compra y de venta para el mismo valor subyacente con la misma fecha de vencimiento. El straddle largo se utilizará cuando un inversor espera que el valor del título subyacente se mueva drásticamente, pero no está seguro de en qué dirección.

Esta estrategia ofrece al inversor un potencial ilimitado de beneficios. Lo máximo que puede perder un inversor en un straddle largo es la suma de la prima de ambos contratos de opciones.

Los inversores obtendrán el máximo beneficio cuando se produzca un movimiento significativo en el valor del título subyacente. No importa si el valor aumenta o disminuye, siempre que los beneficios sean superiores a las primas combinadas.

Strangle largo o Long Strangle

En un strangle largo, el operador comprará una opción de compra "out-of-the-money" (fuera del dinero) y una opción de venta "out-of-the-money" con diferentes precios de ejercicio para el mismo valor subyacente. Si una opción está out-of-the-money, significa que no tiene valor intrínseco. Una opción de compra out-of-the-money se produce cuando el valor subyacente es inferior al precio de ejercicio. Una opción de venta out-of-the-money se produce cuando el valor subyacente es superior al precio de ejercicio.

Un inversor contratará un strangle largo si cree que el valor del título subyacente cambiará drásticamente en un futuro próximo, pero no está seguro de la dirección. Las pérdidas potenciales en un strangle largo se limitan a la suma de las primas de las opciones de compra y de venta combinadas.

Dado que un inversor estaría comprando opciones out-of-the-money, un strangle largo será mucho más barato que un straddle largo.

Cóndor de hierro

Si un inversor tiene una visión tanto alcista como bajista del mercado, utilizará la estrategia del cóndor de hierro.

En un cóndor de hierro, un inversor comprará una opción de venta out-of-the-money y venderá una opción de venta out-of-the-money con un precio de ejercicio inferior. Al mismo tiempo, el inversor comprará una opción de compra out-of-the-money y venderá una opción de compra out-of-the-money con un precio de ejercicio más alto. Todas estas operaciones se realizan para el mismo valor subyacente y todas tendrán la misma fecha de vencimiento.

El mejor momento para utilizar un cóndor de hierro como estrategia es cuando la volatilidad del mercado es mínima. Se utiliza con la esperanza de obtener un pequeño beneficio.

La desventaja de utilizar el cóndor de hierro como estrategia de negociación es que hay una mayor probabilidad de perder tu dinero que de ganar dinero, ya que sólo verás un pequeño beneficio, mientras que tu potencial de pérdida de dinero es ilimitado.

Spread mariposa de compra larga

Al igual que el cóndor de hierro, los inversores que utilizan el spread mariposa de compra larga como estrategia de negociación tienen una visión bajista y alcista del mercado. Sin embargo, a diferencia de las otras estrategias de negociación que he mencionado, el spread mariposa de compra larga utiliza tres precios de ejercicio diferentes. Cuando utilices el spread mariposa de compra larga, comprarás una opción de compra out-of-the-money, dos opciones de compra at-the-money y on-the-money. Todas estas opciones de compra se realizarán utilizando el mismo valor subyacente con la misma fecha de vencimiento. Este tipo de spread se utiliza para crear un débito neto al tener un spread perfectamente equilibrado.

Un operador utilizará un spread mariposa de opciones de compra cuando piense que no habrá ningún movimiento significativo en el mercado en el momento en que venza el contrato. Si el mercado experimenta cambios importantes en el momento del vencimiento del contrato, el operador perderá dinero. Las mayores pérdidas se producirán si el valor de mercado del activo subyacente cae por debajo del precio de ejercicio. Los spreads mariposa a largo plazo son una buena forma de limitar las pérdidas, pero también limitan las posibilidades de obtener beneficios.

Mariposa de hierro

Una mariposa de hierro es cuando un inversor vende una opción de venta on-the-money y compra una opción de venta out-of-the-money. Al mismo tiempo, compra una opción de compra at-the-money y vende una opción de compra out-of-the-money. Básicamente, el operador compra un straddle at-the-money y utiliza la opción de venta out-of-money para protegerse de pérdidas importantes. Lo que hace que una mariposa de hierro sea una estrategia tan atractiva es que el operador estará protegido de las pérdidas potenciales ilimitadas que conlleva el straddle at-the-money. La mariposa de hierro también ofrece al operador una alta probabilidad de obtener un pequeño beneficio. La desventaja de esta estrategia es que, al igual que el spread mariposa, sólo veremos un pequeño beneficio cuando utilicemos esta estrategia.

Capítulo 4

Estrategias de trading

No te anticipes ni te muevas sin la confirmación del mercado:
llegar un poco tarde en tu operación es tu seguro de que
aciertas o te equivoca.

-Jesse Livermore

Cuando se es un nuevo inversor, la emoción por empezar a formarse puede llegar a ser abrumadora. Si te dejas llevar por la emoción y te sumerges a ciegas en el mundo del trading de opciones, vas a perder dinero. Mucho. Es crucial que te familiarices con los entresijos de la negociación mucho antes de empezar.

En este capítulo, examinaremos en detalle algunos métodos de trading probados que aumentarán drásticamente tus beneficios. Las estrategias en las que nos centraremos en este capítulo son el day trading, el trading a largo plazo, el scalping y el swing trading.

Day Trading

Los day traders u operadores diarios suelen ser inversores más experimentados, pero familiarizarte con ellos desde el principio te beneficiará si alguna vez decides empezar a operar en bolsa. El day trading consiste en comprar y vender un gran número de activos en un solo día; los principales activos utilizados en el day trading son las acciones y las divisas.

Cuando se trata de day trading, no esperes obtener grandes beneficios en cada operación que realices. Los operadores diarios obtienen sus beneficios obteniendo pequeñas ganancias de múltiples inversiones. Este tipo de operaciones se realiza mejor en un mercado que fluctúa constantemente.

Se pueden obtener grandes beneficios, pero también es muy arriesgado si no se sabe lo que se está haciendo. Otra desventaja del day trading es que realizar múltiples operaciones simultáneamente puede empezar a pasarte factura, haciendo que te sientas abrumado y agotado.

Aunque el day trading parece sencillo, es un trabajo duro. No se puede esperar que, al cabo de una hora o dos en el ordenador, se obtengan grandes beneficios. Para la mayoría de los operadores diarios, es un trabajo a tiempo completo, a menudo pasan horas delante de sus ordenadores. Sin embargo, su tiempo frente a la pantalla no se limita a realizar operaciones. Los day traders pasan mucho tiempo viendo las noticias, vigilando los mercados y leyendo sobre predicciones financieras. Para tener éxito como day trader, deberás conocer el mercado por dentro y por fuera.

Los day traders ganan dinero comprando valores que han subido recientemente y esperan que suban aún más. Los operadores diarios no retienen sus activos durante mucho tiempo, sino que venden los valores subyacentes en cuanto el precio sube, aunque sea ligeramente. Los beneficios de este tipo de operaciones suelen ser pequeños, pero como los operadores diarios realizan varias operaciones al día, los beneficios empiezan a acumularse.

Si el precio del activo subyacente baja, el day trader perderá el dinero que utilizó para comprar ese activo. Si un operador diario observa que el valor de un activo subyacente va a disminuir, puede apostar contra ese activo. De este modo, ganará dinero aunque el valor disminuya.

Trading de tendencias

Los operadores tendenciales creen firmemente que el mercado es predecible. El trading de tendencias no es exclusivo del trading de opciones, por lo que si estás pensando en diversificar tu cartera de inversiones, el trading de tendencias es una buena herramienta que debes tener en tu arsenal de trading. Los operadores de tendencias dedican mucho tiempo a estudiar el mercado y los movimientos de los precios de un activo en el que les gustaría invertir. Después de estudiar el mercado durante un tiempo, empezarán a identificar patrones. Estos patrones ayudarán al inversor a decidir cuándo entrar en el mercado y cuándo salir de él.

Existen dos tipos de operaciones con tendencias: las operaciones con tendencias alcistas y las operaciones con tendencias bajistas. Una tendencia alcista se produce cuando el valor de un activo experimenta subidas significativas y bajadas mínimas. Una tendencia bajista es cuando el valor del activo disminuye drásticamente pero sólo aumenta en una pequeña cantidad.

Las operaciones tendenciales se basan en el supuesto de que el valor subyacente seguirá moviéndose de la misma manera cuando el operador entre en el mercado. Los operadores de tendencias ganan dinero entrando en el mercado cuando los riesgos son mínimos. A continuación, esperan a que se produzcan algunos movimientos a su favor. Luego, salen del mercado antes de que se produzca un cambio de tendencia. Las operaciones tendenciales suelen ser una estrategia a medio o largo plazo.

Scalping

El scalping es una forma de inversión a corto plazo. Cuando un inversor utiliza el scalping como estrategia de inversión, obtiene sus beneficios gracias a los pequeños cambios que se producen en el mercado. Para que el scalping sea una estrategia exitosa, el inversor deberá tener un plan de salida estricto. El inversor tendrá que atenerse a su plan de salida, porque cualquier pérdida importante hará retroceder al inversor de forma significativa, ya que sólo está obteniendo pequeños beneficios.

Para obtener grandes beneficios con esta estrategia, tendrás que realizar muchas operaciones en un día, de forma similar al day trading.

El scalping es utilizado por inversores que creen que es mejor obtener varios beneficios pequeños que ir por una sola gran ganancia. De este modo, limitan sus pérdidas, siempre que se atengan a sus estrictas estrategias de salida.

La desventaja del scalping es que se pierde la posibilidad de obtener grandes beneficios. Sin embargo, si te adhieres al scalping y realizas suficientes operaciones en un día, esos pequeños beneficios se irán acumulando, lo que te permitirá ganar más dinero que si optaras por los grandes beneficios.

Para que el scalping tenga verdadero éxito, necesitarás un cierto nivel de autodisciplina que no necesitas para otras estrategias de trading. Antes de empezar a operar con scalping, debes fijarte objetivos sobre cuánto te gustaría ganar, pero también debes saber cuántas pérdidas eres capaz de asumir antes de salir del mercado. Es fácil adelantarte cuando se ve que el valor de un activo aumenta rápidamente. Es entonces cuando entra en juego la disciplina. Sí, el valor del activo está creciendo, pero siempre existe la posibilidad de que caiga de repente, haciéndote perder tu dinero.

Swing Trading

Al igual que el day trading y el scalping, el swing trader da prioridad a la obtención de pequeños beneficios en un corto periodo de tiempo. A diferencia de las otras dos estrategias a corto plazo, el swing trading se lleva a cabo durante unos días o incluso semanas. Aunque mantener activos durante unos días conlleva riesgos, los pequeños beneficios empezarán a acumularse, por lo que los riesgos merecerán la pena.

Los swing traders se aprovechan de los mercados que tienen una fase alcista y otra bajista. Este tipo de estrategia requiere un conocimiento profundo del mercado para evitar las pérdidas que podrían producirse durante la noche o los fines de semana.

Si realizaras una inversión a largo plazo, esperarías obtener al menos un 20% de rentabilidad al cabo de un mes o más. Con el swing trading, intentarías obtener una rentabilidad del 5% en unos pocos días o menos. Si adoptas el swing trading como estrategia, tendrás la posibilidad de obtener muchos más beneficios que un inversor a largo plazo.

Comercio de noticias

Haciendo honor a su nombre, los operadores de noticias seguirán de cerca cualquier actualización de la economía. Aprovecharán estos cambios utilizando los acontecimientos actuales para ayudar a determinar cuándo entrar y salir del mercado. Hay dos tipos de operaciones con noticias: programadas y no programadas.

La negociación de noticias programadas significa que los inversores conocerán la fecha exacta de un acontecimiento importante. Entre los acontecimientos programados que afectarán al mercado actual se incluyen las elecciones, la publicación de datos económicos o el momento en que una empresa publica sus beneficios anuales. Con la negociación de noticias programadas, el inversor no sabrá exactamente qué se anunciará, pero sabe que, sea cual sea el anuncio, tendrá un impacto significativo en el mercado.

Las noticias no programadas suelen pillar por sorpresa a los inversores, que no las ven venir. La mayoría de las noticias no programadas se consideran un acontecimiento de cisne negro. Los cisnes negros son acontecimientos inesperados y a menudo poco frecuentes que tienen un enorme impacto en la economía. Un ejemplo de acontecimiento de cisne negro es la invasión de Ucrania por parte de Rusia en 2022 o la pandemia de COVID-19 en 2020.

Los cisnes negros provocan cambios masivos en la economía, y los operadores de noticias utilizan estos acontecimientos para determinar si deben entrar o salir de un mercado.

Aunque muchos inversores saben cómo obtener beneficios independientemente de los acontecimientos actuales, seguir de cerca las noticias aumentará drásticamente las posibilidades de obtener beneficios. Cuando te mantienes al día de lo que ocurre en el mundo, puedes limitar el riesgo de perder dinero y aumentar tus beneficios. Para sacar el máximo partido a tus inversiones como operador de noticias, debes asegurarte de conocer siempre las fechas de los grandes anuncios financieros. Puedes encontrar estas fechas con una rápida búsqueda en Google. Al conocer estas fechas, puedes prepararte para salir del mercado o entrar en él, dependiendo de los resultados de los anuncios. Pero no debes limitarte a conocer las fechas, sino que debes elaborar un plan de acción antes de que se produzcan los anuncios.

Tener un plan antes del anuncio es la mejor manera de evitar las operaciones emocionales. Los anuncios importantes hacen que muchos inversores actúen impulsivamente por miedo o excitación, pero si haces esto, podría costarte miles a largo plazo. Tener un plan de acción adecuado te ayudará a evaluar tus puntos fuertes y débiles, de modo que tomes las mejores decisiones para ti y tus inversiones.

Los mercados suben y bajan constantemente; un buen inversor sabe cuándo ignorar los grandes acontecimientos y cuándo actuar en consecuencia. En 2008, cuando el mercado se desplomó, miles de inversores vendieron sus activos por miedo. El mercado tardó menos de un año en volver a estar en auge, y se produjeron subidas masivas que muchos inversores perdieron porque permitieron que sus emociones tomaran sus decisiones de inversión.

Capítulo 5

Vender opciones

A diferencia de cuando compras opciones, si vendes opciones sí tienes una obligación. Si el titular de la opción decide ejercer su contrato, tú tendrás que comprar o vender el valor subyacente. Cuando vendes una opción, se te considera el emisor de la opción.

En este capítulo veremos los pormenores de la venta de opciones.

Vender opciones de compra

Cuando vendes una opción de compra, estás vendiendo el derecho a que el comprador compre el activo subyacente a un precio determinado en la fecha de vencimiento. Si el titular decide comprar el valor subyacente, tienes que vendérselo al precio de ejercicio, independientemente del precio actual del mercado.

Existen dos formas de vender opciones de compra: opciones de compra cubiertas y opciones de compra descubiertas.

Opciones de compra cubiertas

Con una opción de compra cubierta, un inversor suscribe un contrato de opciones sobre activos que ya posee. Los inversores suelen recurrir a las opciones de compra cubiertas cuando poseen un activo desde hace mucho tiempo y no creen que vaya a producirse ningún aumento importante del valor del activo en un futuro próximo.

Los inversores obtienen su dinero de la venta de opciones de compra a partir de la prima que el tenedor pagará por el contrato. Aunque esto limita tus beneficios, es una buena forma de protegerte de pérdidas importantes. Si el valor de mercado del valor subyacente se mantiene igual que el precio de ejercicio, el emisor se quedará con la prima, aunque el contrato venza.

Si el valor de mercado del activo subyacente disminuye, el emisor puede utilizar la prima pagada por el tenedor para cubrir las pérdidas sufridas por la disminución del valor de un activo de su propiedad. La mejor manera de ganar dinero con una opción de compra cubierta será si el valor de mercado del activo aumenta después del vencimiento del contrato. Cuando esto ocurra, el emisor se beneficiará de la prima, así como de la revalorización del valor subyacente que aún posee.

Aunque la venta de una opción de compra cubierta es una gran estrategia de protección, también tiene pérdidas potencialmente ilimitadas. Si el valor del título subyacente sigue aumentando, el emisor perderá los beneficios que podría haber obtenido vendiendo el activo al precio de coste; si quieres conservar el activo subyacente porque está experimentando una rápida subida, tendrás que recomprarlo por más de lo que pagaste en un principio.

Opciones de compra descubiertas

La venta de una opción de compra descubierta, también conocida como opción de compra desnuda, consiste en suscribir un contrato sobre un activo subyacente que en realidad no se posee. Las opciones de compra descubiertas presentan mayores riesgos que las opciones de compra cubiertas, ya que si el titular decide ejercer su derecho a comprar el valor subyacente, el emisor se verá obligado a comprar el valor subyacente para poder vendérselo al titular. Esto significa que el potencial de pérdidas es ilimitado.

La principal razón por la que un inversor suscribe una opción de compra descubierta es para embolsarse la prima que el tenedor pagó por el contrato de opciones. Sin embargo, cuando se vende una opción de compra descubierta, el beneficio se limita a esa prima. Con este tipo de opción, el emisor espera que el contrato venza porque, de lo contrario, sufrirá una gran pérdida. Una forma de limitar las pérdidas sería vigilar de cerca el valor de mercado del valor subyacente y comprar el activo antes de que su precio aumente demasiado.

Al suscribir una opción de compra sin cobertura, lo mejor es evitar un mercado volátil. Como emisor, tu principal objetivo es que el contrato venza sin que el titular ejerza su derecho de compra, por lo que es mejor utilizar esta estrategia en un mercado relativamente estancado. Si no hay apenas cambios, el titular suele dejar que venza el contrato, lo que te permite quedarte con la prima íntegra sin incurrir en pérdidas.

Venta de opciones

Vender una opción de venta significa comprometerse a recomprar un valor subyacente al precio de ejercicio, independientemente de su valor de mercado actual. Un inversor venderá una opción de venta cuando crea que el valor subyacente aumentará o se mantendrá igual. Si el valor de mercado del activo disminuye, el emisor perderá dinero porque tendrá que vender el valor subyacente a un precio inferior a su valor de mercado. La mejor manera de ganar dinero realmente con la emisión de opciones de venta es que el inversor emita varias opciones de venta sobre distintos activos. De este modo, acumulará una gran suma de dinero procedente de las primas que los compradores pagarán por las opciones. Un gran número de primas compensará cualquier pérdida en la que incurra el emisor si el precio de uno o más de sus activos subyacentes aumenta.

Si el emisor ve que el precio de un activo está bajando, puede limitar sus pérdidas comprando una opción de venta para el mismo valor subyacente. Si se puede encontrar un contrato con una prima inferior a la de la opción de venta que se estaba vendiendo, ya se obtendrá un beneficio de la diferencia entre las dos primas. Sin embargo, esta estrategia sólo suele utilizarse como último recurso si el emisor considera que la operación no le está funcionando.

Los inversores a menudo suscriben opciones sobre activos que desean poseer, pero creen que el precio de los activos tendrá un gran incremento en un futuro próximo. Se conforman con comprar el activo al precio de coste, pero utilizarán la prima obtenida con la venta de la opción de venta para reducir la cantidad que tienen que gastar en la compra del activo.

Hay tres formas principales de vender opciones de venta: opciones de venta garantizadas por efectivo, opciones de venta desnudas y opciones de venta cubiertas.

Opciones de venta con garantía en efectivo

La venta de opciones de venta con garantía en efectivo es la mejor estrategia para cuando realmente se desea poseer el valor subyacente. Los inversores venden opciones de venta con garantía en efectivo para comprar un valor subyacente por debajo del valor de mercado cuando creen que su valor puede aumentar. La venta de opciones de venta con garantía en efectivo también los protege y les permite ganar dinero si se equivocan sobre la dirección del mercado.

Para vender una opción de venta con garantía en efectivo, deberás suscribir un contrato con un precio de ejercicio inferior al valor de mercado actual, reservando el dinero suficiente para comprar el valor subyacente cuando llegue el momento. Las opciones de venta con garantía de efectivo son excelentes porque el vendedor se beneficiará independientemente del resultado. Si el titular de la opción decide ejercer su derecho a vender al precio de ejercicio, el emisor utilizará la prima para minimizar el coste de compra del activo. Si el contrato vence, el emisor seguirá disponiendo de la prima, que podrá utilizar para compensar el coste de compra del valor subyacente a precio de mercado.

El mejor resultado para el emisor de una opción de venta garantizada con efectivo sería que el valor del título subyacente cayera ligeramente por debajo del precio de ejercicio. Si esto ocurre, el tenedor ejercerá su contrato y tú estarás obligado a comprar el valor subyacente. Aunque se siga comprando el activo a un precio ligeramente superior a su valor de mercado, la prima que pagó el tenedor contribuirá a comprar el valor subyacente, lo que permitirá al emisor seguir pagando por debajo del valor de mercado.

Aunque la venta de una opción de venta garantizada con efectivo parece una forma perfecta de adquirir activos, no está exenta de riesgos. Si el valor del título subyacente cae masivamente por debajo del precio de ejercicio, te verás obligado a pagar tanto más que el valor de mercado que la prima no te ayudará a compensar los costos. Al suscribir una opción de venta garantizada con efectivo, debes asegurarte de fijar un precio de ejercicio que estés dispuesto a pagar en caso de que esto ocurra. Otra cosa a tener en cuenta con una opción de venta garantizada por efectivo es que, si esperas demasiado a que el valor del título subyacente caiga, podrías perder la oportunidad de obtener beneficios potenciales de un activo que sigue subiendo.

Utilizar esta estrategia para vender opciones de venta tiene rendimientos limitados por la opción en sí, pero tiene un potencial ilimitado de beneficios por poseer el activo si su valor sigue aumentando después de haberlo comprado.

Opciones de venta desnudas

Un inversor suscribe una opción de venta desnuda o descubierta cuando cree que el precio de un valor subyacente va a subir y espera cobrar la prima que paga el tenedor sin intención de comprar el valor subyacente. Por lo general, una opción de venta descubierta se suscribe para un valor subyacente que ha estado fluctuando mucho, pero que se prevé que aumente en el transcurso de aproximadamente un mes. De forma similar a una opción de compra descubierta o desnuda, el emisor de una opción de venta desnuda no tendrá ninguna posición que pueda utilizar para cumplir los términos del contrato si el titular decide ejercer su derecho a comprar el valor subyacente.

Cuando un operador suscribe una opción de compra desnuda, lo hace con la esperanza de que el precio del valor subyacente aumente para poder quedarse con la prima sin más obligaciones una vez que venza el contrato. La forma más segura de suscribir una opción de venta desnuda sería utilizar un valor subyacente que se crea que va a ir muy bien a largo plazo. Esto se hace para que, incluso si el titular decide ejercer su derecho a la opción, el emisor siga obteniendo beneficios porque el valor del valor subyacente sigue aumentando.

Los riesgos de suscribir una opción de venta desnuda son similares a los de suscribir una opción de venta con garantía en efectivo. El único beneficio que el emisor obtendrá de la opción es la prima que pagó el tenedor, pero los riesgos son limitados aunque significativos. Si el precio del valor subyacente cae a cero, el emisor tendrá que comprar el valor subyacente al precio de ejercicio. Si el valor subyacente cae a cero, no es probable que aumente lo suficiente como para cubrir el dinero perdido por comprar un activo a un precio muy superior al de mercado.

Opciones cubiertas

Las opciones de venta cubiertas son similares a las opciones de compra cubiertas; sin embargo, en lugar de negociar una posición larga en acciones, el vendedor venderá una posición corta. Una posición corta en acciones se produce cuando un inversor toma prestada una posición en un valor subyacente y la vende a otro inversor. Esto se hace cuando un inversor cree que el valor de un activo disminuirá para poder recomprarlo a un precio más bajo. Las opciones de venta cubiertas pueden sonar igual que las opciones de venta garantizadas por efectivo, pero existen varias diferencias clave entre ambas.

El emisor de una opción de venta cubierta utilizará la prima obtenida de la opción para invertir en un activo de bajo riesgo. Las opciones de venta cubiertas suelen realizarse junto con una posición corta en acciones, ya que proporcionan un pago inmediato de la prima. Si se vende una posición corta, se hace con la esperanza de que baje el precio del valor subyacente. La emisión de una opción de venta cubierta es una excelente forma de protegerse de pérdidas importantes, ya que se puede utilizar la prima que pagó el comprador para amortiguar el golpe si el precio del valor subyacente aumenta. Esto funciona porque si el precio aumenta, el contrato vencerá y el emisor se quedará con la prima, que cubrirá las pérdidas por vender en corto el activo equivocado.

Las pérdidas potenciales que puedes experimentar como emisor de una opción de venta cubierta son ilimitadas. La cantidad que pierdas dependerá de cuánto suba el precio del valor subyacente. Aunque el objetivo de suscribir una opción de compra cubierta es protegerte de las pérdidas que podría ocasionar la posición corta en acciones si el precio sube demasiado, estás perdiendo unos beneficios potencialmente ilimitados. Al mismo tiempo, los beneficios de una opción de compra cubierta se limitan a la prima pagada por el comprador de la opción.

CAPÍTULO 6

Riesgos del trading de opciones

A lo largo de mi carrera financiera, he sido testigo continuamente de ejemplos de otras personas que he conocido que se han arruinado por no respetar el riesgo. Si no te fijas bien en el riesgo, te hará caer.

-Larry Hite

Operar con opciones puede reportarte beneficios ilimitados; sin embargo, no estás exento de riesgos. Antes de lanzarte a operar con opciones, es importante que conozcas bien los riesgos. No puedes evitar los riesgos del comercio de opciones si no sabes cuáles son. En este capítulo, describiré algunos de los mayores riesgos que conlleva la negociación de opciones, así como las formas de minimizarlos.

Impuestos

Al igual que ocurre con muchos otros tipos de inversiones, tus beneficios estarán sujetos a impuestos; sin embargo, hay pocas posibilidades, o ninguna, de renunciar a los tipos impositivos al negociar con opciones. Los beneficios que obtengas de la negociación de opciones se gravan como ganancias de capital a corto plazo. Esta es exactamente la misma forma en que tributas por los ingresos ordinarios que obtienes de tu trabajo. Dado que tus beneficios se gravan como ingresos, son mucho más elevados que los de cualquier otra inversión.

El proceso fiscal de las opciones también es extremadamente complicado. Los beneficios que obtienes de las opciones se gravan de forma diferente en función de las estrategias que hayas utilizado. Las opciones a corto y largo plazo tienen dos procesos fiscales completamente diferentes. Si estás vendiendo opciones, también tributarás de forma diferente que alguien que esté comprando opciones.

Te resultará beneficioso trabajar con un profesional fiscal antes de empezar a invertir. Así podrás hablar con él sobre tus objetivos y planes para invertir en opciones. Una vez que él tenga una idea de cómo planeas operar, podrá explicarte todas las implicaciones fiscales específicas de tu estilo de negociación. Hablar con un profesional fiscal también te permitirá comprender mejor un proceso que, de otro modo, sería complicado.

Complicación

Si has llegado hasta aquí en este libro, debes ser plenamente consciente de lo complejo que puede resultar operar con opciones. Aunque la flexibilidad de las opciones es una cualidad atractiva, también significa que tienes más cosas que recordar. Si no tienes una comprensión decente de todo lo relacionado con el comercio de opciones, te quedarás perdido, confundido, y probablemente sin dinero.

Hay una lista interminable de estrategias y jerga específica que debes conocer antes de pensar siquiera en operar con opciones. Toda esta información puede ser abrumadora para alguien nuevo en el mundo de las opciones. Afortunadamente, siempre puedes utilizar este libro como referencia cuando te sientas perdido.

Incertidumbre

Junto con las limitaciones de ciertas estrategias de negociación viene mucha incertidumbre. Podrías estudiar el mercado durante meses y tus predicciones seguirían siendo erróneas. Muchos operadores de opciones utilizan calculadoras de riesgo y gráficos a la hora de elegir cuándo entrar o salir del mercado. Son herramientas importantes para cualquier operador de opciones, pero a veces estas calculadoras se equivocan.

Sin embargo, que las calculadoras de riesgo se equivoquen no siempre es el problema. A veces, todas tus predicciones dan en el clavo, pero aun así no ves el número de rendimientos que esperabas. Esto se debe a factores como el decaimiento del valor de la opción por el paso del tiempo. Estos factores no pueden predecirse ni evitarse, lo que provoca una gran incertidumbre a la hora de operar con opciones.

Requisitos de acceso estrictos

A diferencia de la compra de acciones o la inversión en criptodivisas, antes de empezar a operar con opciones tienes que solicitar los servicios de un corredor. Esto se debe principalmente a que el comercio de opciones es arriesgado y complicado.

Cuando solicites operar con opciones, tu corredor evaluará tu situación financiera y te hará una serie de preguntas para determinar hasta qué punto entiendes cómo operar con opciones y los riesgos que conlleva. Una vez que tu corredor haya decidido que reúnes los requisitos para negociar opciones, te dará un nivel que determinará qué opciones puedes negociar realmente.

También es obligatorio que mantengas al menos $2000 en tu cuenta de corretaje en todo momento. Lamentablemente, no hay forma de evitar esta cuota, por lo que es importante tenerlo en cuenta antes de empezar a operar.

Tiempo limitado

Cuando inviertes en acciones ordinarias, no tienes más limitaciones temporales que las que tú mismo te impongas. Si quieres conservar tus acciones durante 20 años, puedes hacerlo.

Cuando operas con opciones, no puedes permitirte ese lujo. Las opciones, por definición, son operaciones a corto plazo. Como mucho, tendrás que esperar unos meses a que tu operación dé sus frutos. Esto puede ser estresante, ya que necesitas saber exactamente cuándo comprar una opción y cuándo ejercerla o venderla, y cuándo salir del mercado. Si no aciertas, podrías perder miles de dólares.

Los riesgos son mayores para los vendedores

Lo que hace que las opciones sean tan atractivas para muchos inversores es el hecho de que sus pérdidas potenciales son relativamente limitadas. Sin embargo, esto no se aplica a los vendedores de opciones, que tienen un potencial ilimitado de perder dinero, ya que están obligados a comprar o vender un activo subyacente si el titular decide ejercer su contrato.

Cuando vendes opciones, tu beneficio suele limitarse a la prima que paga el comprador. A veces, tus pérdidas serán mucho mayores que la prima, lo que significa que tu red de seguridad es inútil y perderás tu dinero.

Lo que debes evitar al negociar con opciones

Aunque algunos riesgos son inevitables, hay muchos errores que cometen los nuevos operadores y que les hacen perder grandes cantidades de dinero. Se trata de riesgos completamente evitables siempre que permanezcas atento a lo que haces mientras operas.

Invertir más dinero ante un problema

En algún momento de tu carrera como operador de opciones, perderás dinero. No es lo ideal, pero es un hecho que no puede evitarse por muy buen inversor que seas. Si has operado con acciones antes, sabrás que muchos inversores utilizan el viejo proverbio "doblar para ponerse al día". Básicamente, lo que esto significa es que si has sufrido una gran pérdida, debes comprar más acciones para recuperar tu dinero rápidamente. Se trata de un método de probada eficacia para invertir en acciones, pero las opciones de inversión no son lo mismo que invertir en acciones y hacer esto puede hacerte perder aún más dinero.

Supongamos que has sufrido una pérdida importante mientras operabas con opciones; lo mejor es cortar por lo sano y salir del mercado. Si estás decidido a recuperar tu dinero rápidamente, la forma más segura de hacerlo sería invertir en una opción con un activo subyacente diferente. No saltarías de un barco que se hunde para subirte a otro barco que se hunde, así que ¿por qué ibas a hacerlo con tus inversiones?

No desarrollar una estrategia de salida

Comprar a ciegas un contrato de opciones será tu perdición porque permitirás que tus emociones tomen el control de tus decisiones de inversión. Sin un verdadero plan de salida, es posible que permanezcas demasiado tiempo en el mercado; esto suele ocurrir cuando ves que el activo subyacente en el que has invertido tiene una rápida tendencia alcista. Es posible que te entusiasmes demasiado y decidas permanecer más tiempo en el mercado con la esperanza de obtener mayores beneficios conservando el activo. Por supuesto, es posible que ganes más dinero conservando tu activo, pero hay más probabilidades de que el valor del activo caiga. Si esto ocurre, perderás todo el dinero que podrías haber ganado si hubieras salido del mercado.

En lugar de operar según tus emociones, establece un plan de acción antes de empezar a operar con opciones. Determina cuánto tiempo quieres permanecer en el mercado, cuánto dinero quieres ganar y cuánto dinero estás dispuesto a perder. Una vez que hayas determinado tu plan de acción, tienes que ceñirte a él. No te vuelvas codicioso si ves que podrías ganar más dinero permaneciendo más tiempo en el mercado, especialmente si estás perdiendo dinero.

Si crees que no eres el tipo de persona que se ciñe a un plan, puedes poner un stop-loss. Un stop-loss te sacará automáticamente del mercado una vez que hayas alcanzado tus objetivos.

Operar con opciones ilíquidas

Cuando se negocian opciones, siempre surgen dos cuestiones: el precio de oferta y el precio de demanda. El precio de oferta es la cantidad que el comprador está dispuesto a pagar por una opción. El precio de demanda es la cantidad por la que el emisor vende la opción. El valor real del activo subyacente suele encontrarse entre estos dos precios. Si el mercado es líquido, estos precios estarán más próximos entre sí que si el mercado no es líquido.

La liquidez de un mercado viene determinada por el número de personas que compran y venden un activo. Cuantas más transacciones se realicen con un activo subyacente, más líquido será el mercado. Las opciones más líquidas tendrán un precio de ejercicio on-the-money. El valor subyacente perderá liquidez cuando el precio de ejercicio esté demasiado lejos del precio on-the-money y cuando la fecha de vencimiento esté demasiado lejos en el futuro.

Si negocias una opción sin liquidez, el mejor resultado que obtendrás será un punto de equilibrio.

Una buena forma de determinar si un activo subyacente es líquido o ilíquido es ver cuántas acciones se negocian cada día. Menos de un millón de acciones negociadas al día significa que el activo no tiene liquidez. Es mejor evitar los activos sin liquidez, ya que disminuyen drásticamente las posibilidades de obtener beneficios sustanciales. Si realmente quieres acciones de una determinada empresa, pero actualmente no tienen liquidez, la opción sería comprar las acciones directamente y renunciar a comprar una opción sobre las acciones.

Retener los activos durante demasiado tiempo

Otro error en el que puedes caer si no tienes una estrategia de salida clara es aferrarte a un valor subyacente durante demasiado tiempo. Como he mencionado anteriormente, el hecho de que un activo esté subiendo en este momento no significa que vaya a seguir subiendo. Aferrarte a un activo subyacente durante demasiado tiempo significa que estás aumentando la posibilidad de perder tu dinero. Hay que saber cuándo retirarse aunque parezca que el valor de los activos puede seguir subiendo. Basta un pequeño acontecimiento para cambiar por completo la dirección del mercado.

Es mucho mejor perder una pequeña subida del mercado que perder todo tu dinero por haber esperado demasiado tiempo.

Trading por diferencias

El trading por diferencias consiste en comprar valores subyacentes y vender valores subyacentes similares. Otra forma de negociación por diferencias consiste en realizar una inversión a largo plazo en un valor subyacente y, al mismo tiempo, realizar una inversión a corto plazo en el mismo valor subyacente con la intención de obtener un pequeño beneficio mientras esperas a que la inversión a largo plazo se convierta en un beneficio mayor. Esta puede ser una estrategia de negociación eficaz si eres un operador veterano, pero si estás empezando deberías evitarla a toda costa.

La negociación por diferencias es arriesgada porque si el valor de mercado del activo subyacente cae, perderás el doble de dinero que si sólo hubieras comprado una opción. Además, te quedarás con una inversión fallida a largo plazo sin ninguna red de seguridad. También, tendrás que desembolsar más dinero por adelantado por los dos contratos de opciones que hayas comprado.

La opción más segura es comprar sólo una opción para el valor subyacente y, en su lugar, comprar una opción para el valor subyacente diferente. Esto limitará tus pérdidas si el valor de uno de los valores subyacentes cae en picado.

Conclusión

El trading no es para los aficionados, los soñadores o los desesperados. Requiere, por encima de todo, un rasgo inquebrantable de dedicación. Así que, si vas a operar, hazlo en serio.

-Rod Casilli

Si has llegado hasta este punto del libro, oficialmente tienes todo lo que necesitas para ser un trader de opciones exitoso. Sé que es mucha información para asimilar, pero no tienes nada que temer; estás listo. Sé que repasar un libro entero cada vez que necesitas recordar información específica puede ser tedioso, así que en esta sección resumiré las partes más importantes del libro para facilitarte las cosas y ahorrarte tiempo. Al fin y al cabo, tienes que hacer trading.

¿Qué son las opciones? Una opción es un contrato entre dos partes: el emisor y el tenedor. El emisor es la persona que vende la opción y el tenedor es la persona que la compra. Las opciones otorgan al tenedor o titular el derecho a comprar o vender un activo subyacente. El tenedor no está obligado a cumplir el contrato. El emisor está obligado a comprar o vender el valor subyacente si el tenedor decide ejercer su derecho. Cuando se compra una opción, los aspectos más importantes a tener en cuenta son la fecha de vencimiento, el precio de ejercicio y cuánto cobra el emisor por la prima.

Existen dos tipos principales de opciones: opciones de compra y opciones de venta. Cuando compras una opción de compra, estás adquiriendo el derecho a comprar el valor subyacente al precio de ejercicio, independientemente del valor actual del mercado en el momento en que finalice el contrato. Cuando compras una opción de venta, adquieres el derecho a vender el valor subyacente al emisor al precio de ejercicio, incluso si el valor subyacente cae por debajo del precio de ejercicio.

Recuerda que, antes de entrar en el mercado, debes asegurarte de saber en qué te estás metiendo. ¿Es volátil el mercado? ¿Intentas comprar un activo ilíquido? ¿Tienes una estrategia de salida claramente definida? ¿Has investigado el mercado lo suficiente? ¿Sabes qué estrategia de negociación te conviene más? ¿Conoces los riesgos que conlleva la compra de una opción concreta? Todas estas son cosas que debes preguntarte antes de invertir tu dinero en cualquier sitio.

Recuerda que incluso los mejores experimentan pérdidas. Si una de tus operaciones no ha tenido éxito, no te martirices por ello. Simplemente levántate, toma este libro, reevalúa tu estrategia de inversión y vuelva a empezar. Hay más de una forma de operar con opciones, y el hecho de que una estrategia no funcione no significa que debas rendirte; en su lugar, prueba una estrategia diferente. Disponer de un corredor con el que puedas ponerte en contacto cuando algo vaya mal te beneficiará en más de un sentido. En primer lugar, podrá ayudarte a identificar lo que hiciste mal. En segundo lugar, te ayudará a formular una estrategia mejor para seguir adelante. Por último, poder mantener una conversación con un experto en el mundo de las opciones te hará sentirte mejor y te motivará para volver a operar.

Otra cosa importante que hay que recordar es que siempre hay que investigar. No importa si llevas operando una semana o 105 años; siempre tienes que investigar el mercado. Las tendencias del mercado cambian constantemente, y si quieres ser un operador de éxito y ganar dinero de verdad, tienes que estar al tanto de esas tendencias. Aprende las fechas de los principales anuncios financieros y sigue a los grandes nombres de la industria financiera. La gente siempre acudirá a los peces gordos para que les ayuden a determinar dónde invertir su dinero, y tú también deberías hacerlo. Si una persona es lo bastante influyente, puede cambiar por completo la dirección del mercado haciendo algo aparentemente insignificante, como tuitear sobre un determinado activo. Aunque no está relacionado con el comercio de opciones, un gran ejemplo de una persona que influye en un mercado es Elon Musk. Cuando Dogecoin entró por primera vez en el mercado, hizo un tweet al respecto que hizo que millones de personas corrieran a comprar Dogecoin. Esto sucede todo el tiempo con todo tipo de valores subyacentes, lo que tiene un impacto masivo en cómo la gente negocia opciones. Estar al tanto de lo que dicen los expertos financieros influyentes te permitirá comprar en el mercado antes de que los precios suban demasiado.

Antes de lanzarte, tómate tu tiempo para considerar los impuestos y las comisiones iniciales. Para poder operar con opciones, debes solicitar una cuenta de corretaje, que te exigirá tener al menos 2.000 dólares en tu cuenta en todo momento, por lo que debes tenerlo en cuenta. Los agentes de bolsa también pueden cobrarte comisiones por tener una cuenta con ellos. Asegúrate de saber exactamente lo que te van a cobrar antes de abrir una cuenta. Lo último que quieres es empezar a operar, emocionarte porque has obtenido tu primer beneficio y que luego te cobren unas comisiones que no esperabas. Lo mismo ocurre con los impuestos. Si es posible, habla con un asesor fiscal, que te dará una descripción detallada de cómo funcionan los impuestos de las opciones y de lo que puedes esperar que te descuenten.

Ten en cuenta que siempre puedes volver a este libro. No tienes que intentar recordar todas las estrategias y riesgos que conlleva la negociación de opciones. No te castigues si no puedes recordar lo que es un spread mariposa de compra larga.

Por último, ¡diviértete! Ganar dinero extra a través del trading es increíble, pero tus ganancias no sabrán tan dulces si estás constantemente en un estado de peligro sobre tus inversiones. Lo quieras o no, el trading se convertirá en una parte importante de tu vida, así que querrás que sea lo más agradable posible. Porque sí, operar con opciones puede ser desalentador cuando estás empezando, pero puede ser emocionante y divertido, especialmente cuando ves tus rendimientos por primera vez.

Por fin estás preparado, y sé que con este libro en la mano, vas a arrasar en el mundo de la negociación de opciones. Espero de verdad que este nuevo viaje te traiga un sinfín de beneficios. Te deseo buena suerte y disfrútalo; ¡lo vas a hacer genial!

Referencias

By. (13 de febrero, 2022). *Pros and cons of options trading*.
Experian. https://www.experian.com/blogs/ask-experian/pros-cons-options-trading/

Call Option - Understand How Buying & Selling Call
Options Works. (2018). Corporate Finance Institute.
https://corporatefinanceinstitute.com/resources/knowledge/trading-investing/call-option/

Cash-Secured Put. (2022). Optionseducation.org.
https://www.optionseducation.org/strategies/all-strategies/cash-secured-put#:~:text=Summary

CFA, E. N. (18 de mayo, 2016). *What is a covered put?* The
Motley Fool.
https://www.fool.com/investing/options/what-is-a-covered-put.aspx

Cothern, L. (2021, March 11). *How to trade options: for hedging or speculation?* MyBankTracker.
https://www.mybanktracker.com/blog/investing/how-trade-options-302268

Disadvantages of Option Trading | Terrys Tips. (s.f.). Terrys
Tips. http://www.terrystips.com/stock-options-101/disadvantages-of-option-trading

Farley, A. (s.f.). *The basics of covered calls*. Investopedia. https://www.investopedia.com/articles/optioninvestor/08/covered-call.asp

Fernando, J. (2019). *Call option definition*. Investopedia. https://www.investopedia.com/terms/c/calloption.asp

Getting started with options. (s.f.). Robinhood. https://learn.robinhood.com/articles/getting-started-with-options/

How to Choose an Options Trading Broker. (s.f.). NerdWallet. https://www.nerdwallet.com/article/investing/choosing-the-best-options-broker

How to Get Started Trading Options. (s.f.). WikiHow. https://www.wikihow.com/Get-Started-Trading-Options

How to Trade Options for Beginners • [Options Trading for Dummies]. (8 de marzo, 2022). Benzinga. https://www.benzinga.com/money/how-to-trade-options/

Ianieri, R. (2021). *The four advantages of options*. Investopedia. https://www.investopedia.com/articles/optioninvestor/06/options4advantages.asp

Levy, A. (12 de marzo, 2016). *What does "bullish" mean in stock trading?* The Motley Fool. https://www.fool.com/investing/stock-market/basics/what-does-bullish-mean/#:~:text=Simply%20put%2C%20%22bullish%22%20means

Naked Call Definition. (s.f.). Investopedia. https://www.investopedia.com/terms/n/nakedcall.asp

Naked Put Definition. (s.f.). Investopedia. https://www.investopedia.com/terms/n/nakedput.asp

Option Strategies. (s.f.). Varsity by Zerodha.
https://zerodha.com/varsity/module/option-strategies/

Options: Calls and Puts-Overview, Examples Trading Long
& Short. (s.f.). Corporate Finance Institute.
https://corporatefinanceinstitute.com/resources/knowled
ge/trading-investing/options-calls-and-puts/

Popular Options Trading Terminology to Know. (19 de enero,
2021).   SoFi.
https://www.sofi.com/learn/content/options-trading-
terminology/

Risks and Benefits of Trading Options. (s.f.). NerdWallet.
https://www.nerdwallet.com/article/investing/options-
trading-risks-benefits

Royal, J. (s.f.). *5 options trading strategies for beginners |
Bankrate.com.*   Bankrate.
https://www.bankrate.com/investing/options-trading-
strategies-how-to-beginners/

10 Options Strategies to Know. (s.f.). Investopedia. Extraído
el   23   de   abril   de   2022,   de
https://www.investopedia.com/trading/options-
strategies/#toc-9-iron-condor

The Long and Short of Put Options. (s.f.). The Balance.
Extraído   el   25   de   abril   de   2022,   de
https://www.thebalance.com/what-is-a-put-option-long-
short-buy-sell-example-
3305880#:~:text=When%20you%20sell%20a%20put

Two Ways to Sell Options. (10 de junio, 2019). Nasdaq.com.
https://www.nasdaq.com/articles/two-ways-sell-options-
2019-06-10

Understanding covered puts and how to execute them. (s.f.).
Investors Edge. Extraído el 25 de abril de 2022, de

https://www.investorsedge.cibc.com/en/learn/understanding-covered-puts.html

Volume vs. Open Interest: What's the Difference? (s.f.). Investopedia. https://www.investopedia.com/ask/answers/050615/what-difference-between-open-interest-and-volume.asp#:~:text=Open%20interest%20is%20the%20number

What are options and how do you trade them? (s.f.). IG. https://www.ig.com/za/options-trading/what-are-options-how-do-you-trade-them

What Is Options Trading? | The Ascent. (23 de diciembre, 2020). The Motley Fool. https://www.fool.com/the-ascent/buying-stocks/what-is-options-trading/

Made in United States
North Haven, CT
01 December 2024

61217766R00055